FOLK ROCK

FAVORITES

FOR STRUM & SING UKULELE

Cherry Lane Music Company
Director of Publications/Project Editor: Mark Phillips

ISBN 978-1-4803-0924-1

Visit our website at www.cherrylaneprint.com

3	Abraham, Martin and John	DION
6	Brown Eyed Girl	VAN MORRISON
9	California Dreamin'	THE MAMAS & THE PAPAS
12	Catch the Wind	DONOVAN
14	City of New Orleans	ARLO GUTHRIE
20	Do You Believe in Magic	THE LOVIN' SPOONFUL
22	Doctor, My Eyes	JACKSON BROWNE
17	Eve of Destruction	BARRY MCGUIRE
24	Get Together	THE YOUNGBLOODS
26	Happy Together	THE TURTLES
32	Have You Ever Seen the Rain?	CREEDENCE CLEARWATER REVIVAL
29	Homeward Bound	SIMON & GARFUNKEL
34	If I Were a Carpenter	BOBBY DARIN
36	Knockin' on Heaven's Door	BOB DYLAN
37	Lay Lady Lay	BOB DYLAN
40	Mr. Tambourine Man	THE BYRDS
44	Morning Has Broken	CAT STEVENS
46	Reason to Believe	ROD STEWART
48	Redemption Song	BOB MARLEY
41	Return of the Grievous Angel	GRAM PARSONS
50	Society's Child	JANIS IAN
53	The Sound of Silence	SIMON & GARFUNKEL
56	Summer Breeze	SEALS & CROFTS
58	Sunshine (Go Away Today)	JONATHAN EDWARDS
60	Suzanne	LEONARD COHEN
64	Take Me Home, Country Roads	JOHN DENVER
66	Teach Your Children	CROSBY, STILLS & NASH
68	Time in a Bottle	JIM CROCE
70	Turn! Turn! Turn!	THE BYRDS
74	Wild World	CAT STEVENS
72	You've Got to Hide Your Love Away	THE BEATLES

Abraham, Martin and John

Words and Music by
Richard Holler

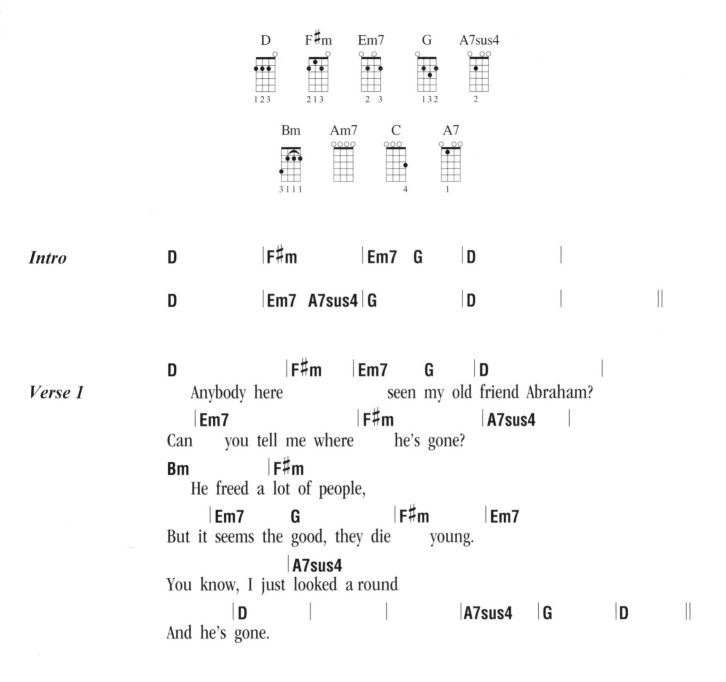

Intro

D |F♯m |Em7 G |D |

D |Em7 A7sus4|G |D | ‖

Verse 1

D |F♯m |Em7   G |D |
Anybody here   seen my old friend Abraham?
    |Em7 |F♯m |A7sus4 |
Can   you tell me where   he's gone?
Bm |F♯m
   He freed a lot of people,
    |Em7   G |F♯m |Em7
But it seems the good, they die   young.
       |A7sus4
You know, I just looked a round
      |D | | |A7sus4 |G   D   ‖
And he's gone.

Verse 2

```
          D                |F♯m    |Em7      G       |D                  |
          Anybody here               seen my old friend John?
              |Em7                         |F♯m          |A7sus4       |
          Can you    tell me where he's      gone?
          Bm                       |F♯m
            He freed a lot of        people,
             |Em7        G          |F♯m          |Em7
          But it seems the good, they die young.
            |A7sus4                  |
          I just looked around
          G               |           |D         |           |           |           |
            And he's gone.
          D         |           |G         |           |D         |           |‖
```

Verse 3

```
          D        |F♯m    |Em7      G     |D                  |
          Anybody here               seen my old friend Martin?
              |Em7                        |F♯m          |A7sus4       |
          Can you     tell me where he's      gone?
          Bm              |F♯m
            He freed a lot of people,
                       |Em7    G         |F♯m          |Em7
          But it seems     the good, they die young.
             |A7sus4                 |
          I just looked around
          G               |D         ‖
            And he's gone.
```

4

Bridge

G |F♯m |Em7 G |F♯m |

Didn't you love the things   that they stood for?

G |F♯m |Em7 G |Em7 G |D |

Didn't they try   to find some good   for you and me?

|Am7 |C |G

And we'll be free

|F♯m |Em7 |A7sus4 A7 ||

Some - day   soon; it's gonna be one day.

Verse 4

D |F♯m |Em7   G |D |

Anybody   here   seen my old friend Bobby?

|Em7 |F♯m |A7sus4 |

Can you   tell me where he's   gone?

Bm |F♯m |Em7   G |F♯m |

I thought I saw him walkin' up   o - ver the hill

Em7 |A7sus4 |Bm |G | |D ||

With Abraham   and Martin and John.

Brown Eyed Girl

Words and Music by
Van Morrison

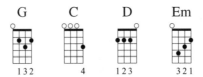

Intro G |C |G |D |G |C |G |D ‖

Verse 1
G |C |
Hey, where did we go?
G |D |
Days when the rains   came,
G |C |
Down in the hol - low,
G |D |
Playing a new   game.
G |C |
Laughing and a-running, hey, hey,
G |D |
Skipping and a-jumping.
G |C
In the misty morn - ing fog
     |G |D |C |
With   our, hearts a-thumping, and you,
D |G |Em |
My brown-eyed girl.
C |D |G |D   ‖
You, my   brown-eyed girl.

Verse 2

```
      G              |C          |
And  whatever  hap - pened
      G                   |D          |
   To  Tuesday  and  so     slow?
      G                        |C              |
   Going  down  the  old   mine  with  a
      G          |D             |
   Transistor  ra - dio.
      G                   |C              |
   Standing  in  the  sunlight  laughing,
      G          |D             |
   Hiding  'hind  a  rainbow's  wall.
      G                      |C          |
   Slipping  and  a-slid - ing
      G             |D                    |C          |
   All  along  the  waterfall  with  you,
   D                      |G              |Em          |
   My  brown-eyed  girl.
   C          |D                   |G              |
   You,  my     brown-eyed  girl.
   D7                |           |                  ||
   Do  you  remem - ber  when     we  used  to  sing:
```

Chorus

```
      G                |C          |G                |D              |
   Sha,  la,  la,  la,   la,  la,  la,  la,   la,  la,  la,  te,  da.   Just  like  that.
      G             |C          |G                |D
   Sha,  la,  la,  la,   la,  la,  la,  la,   la,  la,  la,  te,  da,
                        |G          |           ||
La,  te,  da.
```

Interlude

```
      G          |           |              |C          |G          |D              ||
```

Verse 3

```
      G              |C              |
     So hard to find  my way
      G                |D             |
     Now that I'm all   on my own.
      G              |C               |
     I saw you just   the other day;
      G          |D               |
     My, how you have grown.
      G                   |C             |
     Cast my memory back    there, Lord.
      G                    |D              |
     Sometimes I'm over - come thinking about it.
      G                    |C          |
     Makin' love in the green   grass
      G         |D              |C        |
     Behind the stadium with you,
      D             |G         |Em        |
     My brown-eyed girl.
      C     |D       brown-eyed girl.     |G        |
     You, my
      D            |          |          ||
     Do you remem - ber when    we used to sing:
```

Outro

```
      G          |C         |G            |D           |
     Sha, la, la, la,  la, la, la, la,  la, la, la, te, da.
      G          |C         |G            |D       |G      ||
     Sha, la, la, la,  la, la, la, la,  la, la, la, te, da.
```

California Dreamin'

Words and Music by
John Phillips and Michelle Phillips

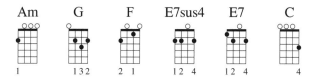

Verse 1

‖**Am**   **G** |**F**
All the leaves are brown (all the leaves are brown)
G |**E7sus4** |**E7**
And the sky is grey   (and the sky is grey).
F |**C**   **E7** |**Am**
I've been for a walk (I've been for a walk)
F |**E7sus4** |**E7**
On a winter's day   (on a winter's day).
 |**Am**   **G** |**F**
I'd be safe and warm (I'd be safe and warm)
G |**E7sus4** |**E7**
If I was in L.A.   (if I was in L.A.).
 |**Am**   **G** |**F**
California dreamin' (Cali - fornia dream - in')
G |**E7sus4** |
On such a winter's day.

Verse 2

       ‖Am   G |F

Stopped in to a church

     G |E7sus4 |E7

I passed a - long the way.

     F |C   E7 |Am

Well, I got down on my knees (got down on my knees)

      F |E7sus4 |E7

And I pre - tend to pray (I pretend to pray).

           |Am   G |F

You know the preacher liked the cold (Preacher liked the cold).

     G |E7sus4 |E7

He knows I'm gonna stay (knows I'm gonna stay).

    |Am   G |F

California dreamin' (Cali - fornia dream - in')

   G |E7sus4 | ‖

On such a winter's day.

Interlude   Am | | | F |

          C   E7 |Am F |E7sus4 |E7 |

          Am G |F G |E7sus4 |E7 |

          Am G |F G |E7sus4 |E7

Verse 3

```
      ‖Am              G                    |F
All the leaves are brown (all the leaves are brown)
        G        |E7sus4                    |E7
And the sky is grey     (and the sky is grey).
F            |C           E7         |Am
I've been for a walk (I've been for a walk)
      F           |E7sus4                   |E7
On a winter's day       (on a winter's day).
          |Am          G        |F
If I didn't tell her (if I didn't tell  her)
        G        |E7sus4                    |E7
I could leave today     (I could leave today).
          |Am            G        |F         G          |Am
California dreamin' (Cali - fornia dream - in') on such a winter's day.
        G      |F         G         |Am
(Cali - fornia dream - in') on such a winter's day.
        G      |F         G         |F          |          |Am          ‖
(Cali - fornia dream - in') on such a winter's day.
```

Catch the Wind

Words and Music by Donovan Leitch

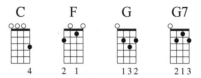

Verse 1

|C | |F |

In the chilly hours and minutes,

|C | |F | |

Of un - certainty,   I want to be

C | |F |G |C | |G7 |

In the warm   hold of your loving mind.

|C | |F | /

To feel you all a - round me,

|C | |F | |

And to take your hand a - long the sand,

C | |F |G |C | |G7 |

Ah, but I may as well try and catch the wind.

Verse 2

‖**C** | **F** |
When sundown   pales the sky,

|**C** | |**F** | |
I want to hide a - while, behind your smile.

C | |**F** |**G** |**C** | |**G7** |
And everywhere I'd look, your eyes I'd find.

|**C** | |**F** |
For me to   love you now,

|**C** |**F** | |
Would be the sweetest thing, 'twould make me sing,

C | |**F** |**G** |**C** | |**G7** |
Ah, but I may as well try and catch the wind.

‖**C** | |**F** | |
Verse 3   When rain has   hung the leaves with tears,

C | |**F** | |
I want you near to kill my fears,

C | |**F** |**G** |**C** | |**G7** |
To help me   to leave all my blues be - hind.

|**C** | |**F** |
For standing   in your heart

|**C** | |**F** | |
Is where I want to be, and long to be,

C | |**F** |**G** |**C** | ‖
Ah, but I may as well try and catch the wind.

City of New Orleans

Words and Music by
Steve Goodman

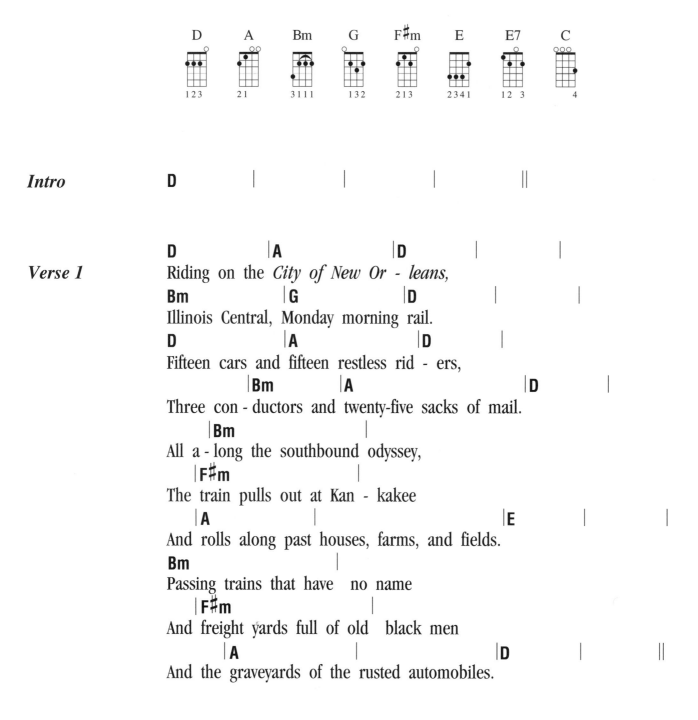

Intro

    D | | | ||

Verse 1

    D |**A** |**D** | |
Riding on the *City of New Or - leans,*

Bm |**G** |**D** | |
Illinois Central, Monday morning rail.

D |**A** |**D** |
Fifteen cars and fifteen restless rid - ers,

    |**Bm** |**A** |**D** |
Three con - ductors and twenty-five sacks of mail.

    |**Bm** |
All a - long the southbound odyssey,

    |**F♯m** |
The train pulls out at Kan - kakee

    |**A** | |**E** | |
And rolls along past houses, farms, and fields.

Bm |
Passing trains that have no name

    |**F♯m** |
And freight yards full of old black men

    |**A** | |**D** | ||
And the graveyards of the rusted automobiles.

Chorus

G |A |D |
Good morning, A - merica; how are you?
    |Bm |G |D |
Said, don't you know me? I'm your native son.
D A |D |A |Bm |E7
I'm the train they call the *City of New Or - leans.*
       |C   G |A |D | | |
I'll be gone   five hundred miles   when the day is done.

Verse 2

     ||D |A |D | |
Dealing cards with the old men in the club   car.
Bm |G |D | |
Penny a point, ain't no one keeping score.
D |A |D | |
Pass the paper bag that holds the bot - tle.
Bm |A |D |
Feel the wheels rumbling 'neath the floor.
   |Bm |
And the sons of Pullman porters
   |F♯m |
And the sons of engineers
    |A | |E | |
Ride their fathers' magic car - pets made of steel.
Bm | |
Mothers with their babes   asleep
F♯m |
Rockin' to the gen - tle beat,
    |A | |D | ||
And the rhythm of the rails is all they feel.

Repeat Chorus

Verse 3

```
  D               |A          |D       |        |        |
Nighttime on the City of New Or - leans,
  Bm              |G          |D       |        |        |
Changing cars in Memphis, Tennessee.
  D               |A          |D       |
Halfway home and we'll be there by morning,
            |Bm          |A                  |D         |
Through the Mississippi darkness rolling down to the sea.
    |Bm         |
But all the towns and people seem
    |F♯m        |
To fade into a bad    dream,
        |A      |                    |E      |
And the steel rails  still ain't heard the news.
        |Bm              |
The con - ductor sings his songs   again;
    |F♯m             |
The passengers will please   refrain.
    |A              |           |D      |       ||
This train's got the disappear - ing railroad blues.
```

Repeat Chorus

Eve of Destruction

Words and Music by
P.F. Sloan and Steve Barri

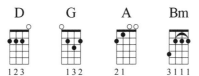

Verse 1

‖D |G   A |
The Eastern world,   it is ex - ploding,

D |G   A
   Violence flaring,   and bullets load - ing.

  |D |G   A
You're old enough to kill,   but not for voting.

  |D |G   A
You don't believe in war, but what's that gun you're toting?

  |D |G   A
And even the Jordan River has   bodies floating!

Chorus 1

‖D |
But you   tell me

G   A |D |Bm
Over and o - ver and o - ver again, my friend,

  |G |A
Ah, you don't believe we're on the eve

  |D | |G |A   ‖
Of de - struction.

Verse 2

```
D                              |G        A      |
Don't you understand what I'm  trying to say?
D                         |G        A
Can't you feel the fears I'm  feeling to - day?
      |D                      |G           A
If the button is pushed, there's no  running away.
           |D                    |G              A
There'll be no one to save with the world in a grave.
         |D                       |G              A
Take a look around you, boy; it's bound to scare you, boy.
```

Chorus 2

```
             ||D        |
And you   tell me
G        A        |D                    |Bm
Over and o - ver and o - ver again, my friend,
        |G               |A
Ah, you don't believe we're on the eve
      |D        |        |G     |A        |D        |
Of de - struction.
```

Verse 3

```
             ||D              |G        A    |
Yeah, my blood's so mad, feels like coagu - lating.
D               |G        A
I'm sitting here just  contem - plating.
  |D                      |G            A
I can't twist the truth; it knows no regu - lation.
   |D                    |G        A
A handful of senators don't pass legis - lation,
     |D                  |G        A
And marches alone can't bring inte - gration.
      |D            |G     A
When human respect is disinte - grating,
      |D                |G          A
This whole crazy world is just too frus - trating.
```

Repeat Chorus 2

Verse 4

  ‖**D** |**G**   **A**
And think of all the hate there is in Red Ch - ina.

   |**D** |**G**   **A** |
Then take a look around to Selma, Ala - bama.

D |**G**   **A**
You may leave here for four days in space,

   |**D** |**G**   **A**
But when you return, it's the same old place.

   |**D** |**G**   **A**
The pounding of the drums, the pride and disgrace,

    |**D** |**G**   **A**
You can bury your dead, but don't leave a trace.

    |**D** |**G**   **A**
Hate your next-door neighbor, but don't forget to say grace.

Chorus 3

   ‖**D** |
And tell me

G   **A** |**D** |**Bm**
Over and o - ver and o - ver and over again, my friend,

  |**G** |**A**
You don't believe we're on the eve

   |**D** |
Of de - struction.

  |**G** |**A**
You don't believe we're on the eve

   |**D** | |**G** |**D**   ‖
Of de - struction.

Do You Believe in Magic

Words and Music by
John Sebastian

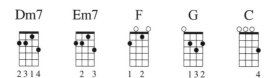

Intro   Dm7   Em7 |F   Em7 |Dm7   Em7 |

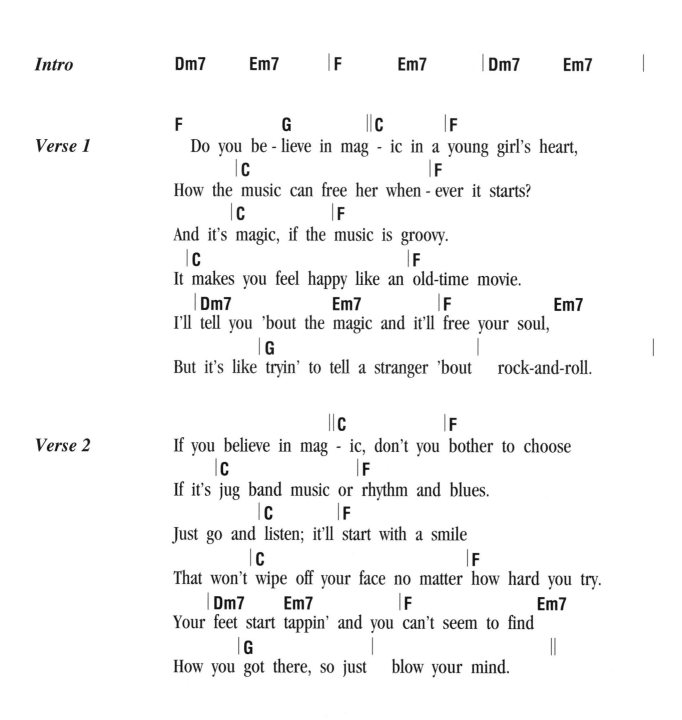

Verse 1
                F   G   ‖C |F
         Do you be-lieve in mag-ic in a young girl's heart,
              |C |F
         How the music can free her when-ever it starts?
              |C |F
         And it's magic, if the music is groovy.
              |C |F
         It makes you feel happy like an old-time movie.
              |Dm7   Em7 |F   Em7
         I'll tell you 'bout the magic and it'll free your soul,
                   |G | |
         But it's like tryin' to tell a stranger 'bout   rock-and-roll.

Verse 2
                        ‖C |F
         If you believe in mag-ic, don't you bother to choose
              |C |F
         If it's jug band music or rhythm and blues.
              |C |F
         Just go and listen; it'll start with a smile
              |C |F
         That won't wipe off your face no matter how hard you try.
              |Dm7   Em7 |F   Em7
         Your feet start tappin' and you can't seem to find
              |G | ‖
         How you got there, so just   blow your mind.

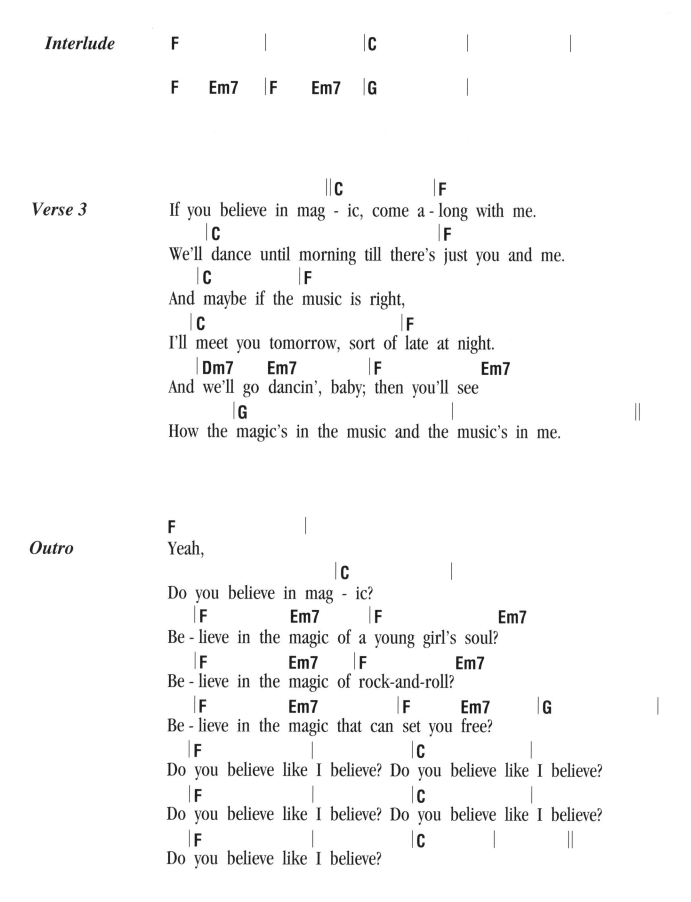

Interlude F | |C | |

F Em7 |F Em7 |G |

Verse 3

‖C |F
If you believe in mag - ic, come a - long with me.
|C |F
We'll dance until morning till there's just you and me.
|C |F
And maybe if the music is right,
|C |F
I'll meet you tomorrow, sort of late at night.
|Dm7 Em7 |F Em7
And we'll go dancin', baby; then you'll see
|G | ‖
How the magic's in the music and the music's in me.

Outro

F |
Yeah,
|C |
Do you believe in mag - ic?
|F Em7 |F Em7
Be - lieve in the magic of a young girl's soul?
|F Em7 |F Em7
Be - lieve in the magic of rock-and-roll?
|F Em7 |F Em7 |G |
Be - lieve in the magic that can set you free?
|F | |C |
Do you believe like I believe? Do you believe like I believe?
|F | |C |
Do you believe like I believe? Do you believe like I believe?
|F | |C | ‖
Do you believe like I believe?

Doctor, My Eyes

Words and Music by
Jackson Browne

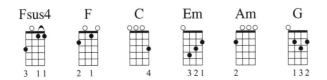

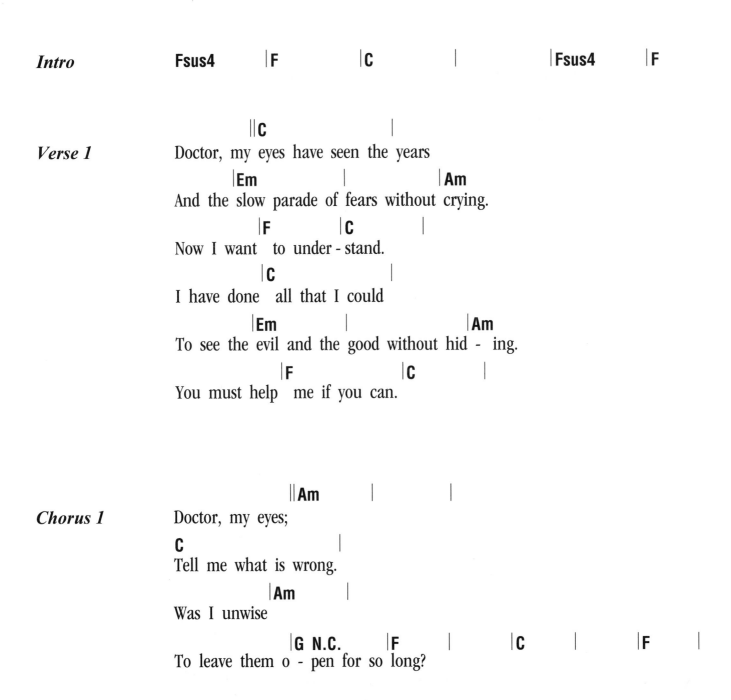

Intro Fsus4 |F |C | |Fsus4 |F

Verse 1
‖C |
Doctor, my eyes have seen the years
|Em | |Am
And the slow parade of fears without crying.
|F |C |
Now I want to under - stand.
|C |
I have done all that I could
|Em | |Am
To see the evil and the good without hid - ing.
|F |C |
You must help me if you can.

Chorus 1
‖Am | |
Doctor, my eyes;
C |
Tell me what is wrong.
|Am |
Was I unwise
|G N.C. |F | |C | |F |
To leave them o - pen for so long?

Verse 2

‖**C** |

’Cause I have wandered through this world

|**Em** | |**Am**

And as each moment has unfurled   I’ve been waiting

|**F** |**C** |

To awak - en from these dreams.

|**C** |

People go   just where they will;

|**Em** | |**Am**

I never noticed them un - til I got this feeling

|**F** |**C** |

That it’s lat - er than it seems.

Chorus 2

‖**Am** | |

Doctor, my eyes;

C |

Tell me what you see.

|**Am** |

I hear their cries;

|**G N.C.** |**Fsus4** | |**F** | |**C** |

Just say if it’s   too late for me.

Chorus 3

‖**Am** | |

Doctor, my eyes

C |

Cannot see the sky.

|**Am** |

Is this the prize

|**G N.C.** |**F** | |**C** | |

For having learned   how not to cry?

F | |**C** | |**F** | |**C** | ‖

Let's Get Together

(Get Together)

Words and Music by
Chet Powers

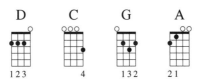

Verse 1

D | | |C |
Love is but a song we sing, fear's the way we die.

D | | |C | |
You can make the mountains ring or make the angels cry.

D | | |C | ||
Though the bird is on the wing and you may not know why…

Chorus

G |A
Come on people now, smile on your brother.

|D |G   A |D | ||
Every-body get together, try to love one an-other right now.

Verse 2

D | | |C | |
Some may come and some may go, we shall surely pass

D | | |C | |
When the one that left us here returns for us at last.

D | | |C | ||
We are but a moment's sunlight fading in the grass.

Repeat Chorus (2X)

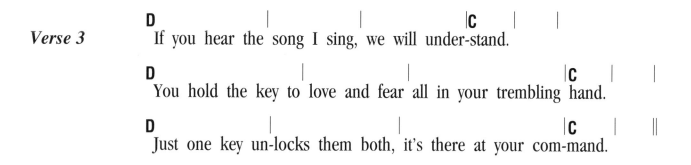

Verse 3

D | | **|C** | |
If you hear the song I sing, we will under-stand.

D | | **|C** | |
You hold the key to love and fear all in your trembling hand.

D | | **|C** | ||
Just one key un-locks them both, it's there at your com-mand.

Repeat Chorus

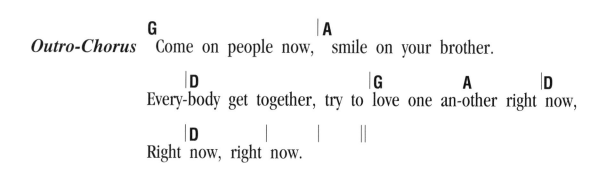

Outro-Chorus

G   **|A**
Come on people now, smile on your brother.

   |D   **|G**   **A**   **|D**
Every-body get together, try to love one an-other right now,

   |D | | ||
Right now, right now.

Happy Together

Words and Music by
Garry Bonner and Alan Gordon

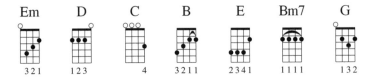

Em   D   C   B   E   Bm7   G

Verse 1

|Em |
Imagine me and you, I do.
        |D |
I think about you day and night; it's only right
              |C |
To think about the girl you love and hold her tight,
            |B |
So happy to - gether.

Verse 2

‖Em |
If I should call you up, invest a dime,
          |D |
And you say you be - long to me and ease my mind,
            |C |
Imagine how the world could be, so very fine,
          |B | ‖
So happy to - gether.

Chorus

```
       E            |Bm7              |E
I can see me lovin' nobody but you
                    |G                       |
For  all  my  life.
       E                      |Bm7              |E
When  you're  with  me,  baby,  the  skies'll  be  blue
                    |G                     ||
For  all  my  life.
```

Verse 3

```
       Em                        |
Me  and  you,  and  you  and  me,
                         |D                      |
No  matter  how  they  toss  the  dice,  it  had  to  be.
                       |C                       |
The  only  one  for  me  is  you,  and  you  for  me,
                    |B               |              ||
So  happy  to - gether.
```

Repeat Chorus

Repeat Verse 3

Interlude

```
       E              |Bm7
Ba  ba  ba  ba       ba
       |E            |G                   |
Ba  ba  ba  ba  ba  ba.
       E              |Bm7
Ba  ba  ba  ba       ba
       |E            |Bm7             |                    ||
Ba  ba  ba  ba  ba  ba.
```

Verse 4

Em

Me and you, and you and me,

|D

No matter how they toss the dice, it had to be.

|C

The only one for me is you, and you for me,

|B |Em

So happy to - gether,

|B |Em

So happy to - gether.

|B |Em

And how is the weather?

|B |Em

So happy to - gether.

|B |Em

We're happy to - gether,

|B |Em

So happy to - gether,

|B |E ||

So happy to - gether.

Homeward Bound

Words and Music by
Paul Simon

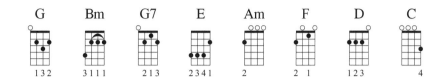

G   Bm   G7   E   Am   F   D   C

Verse 1

‖**G**
I'm sittin' in the railway station,
  |**Bm** |**G7** |**E** |
Got a ticket for my destination.   Mm.
Am
On a tour of one-night stands,
 |**F**
My suitcase and guitar in hand,
 |**G**
And every stop is neatly planned
 |**D**   ‖
For a poet and a one-man band.

Chorus 1

G |**C** |**G** |**C** |
     Homeward bound, I wish I   was homeward bound.
G   **C**   **G** **F** **C** |
Home, where my thought's es - cap - ing,
G   **C**   **G** **F** **C** |
Home, where my mus - ic's play - ing,
G   **C** **G** **F**   **C** |**D** |**G**   ‖
Home, where my love lies wait - ing silently for   me.

Verse 2

G
Every day's an endless dream
  |Bm |G7 |E
Of cigarettes and magazines.   Mm.
    |Am
And each town looks the same to me,
   |F
The movies and the factories,
   |G
And every stranger's face I see
     |D ||
Reminds me that I long to be

Chorus 2

G |C |G |C |
  Homeward bound, I wish I was homeward bound.
G   C   G F C |
Home, where my thought's es - cap - ing,
G   C   G F C |
Home, where my mus - ic's play - ing,
G   C G F C |D |G
Home, where my love lies wait - ing silently for me

Verse 3

‖**G**
To - night I'll sing my songs again,

|**Bm** |**G7** |**E**
I'll play the game and pretend   Mm.

|**Am**
But all my words come back to me

|**F**
In shades of mediocrity.

|**G**
Like emptiness and harmony,

|**D**   ‖
I need someone to comfort me.

Repeat Chorus 1

Bm |**G7** |**G**   **F C** |**G**   ‖
    Silently for   me.

Have You Ever Seen the Rain?

Words and Music by
John Fogerty

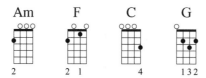

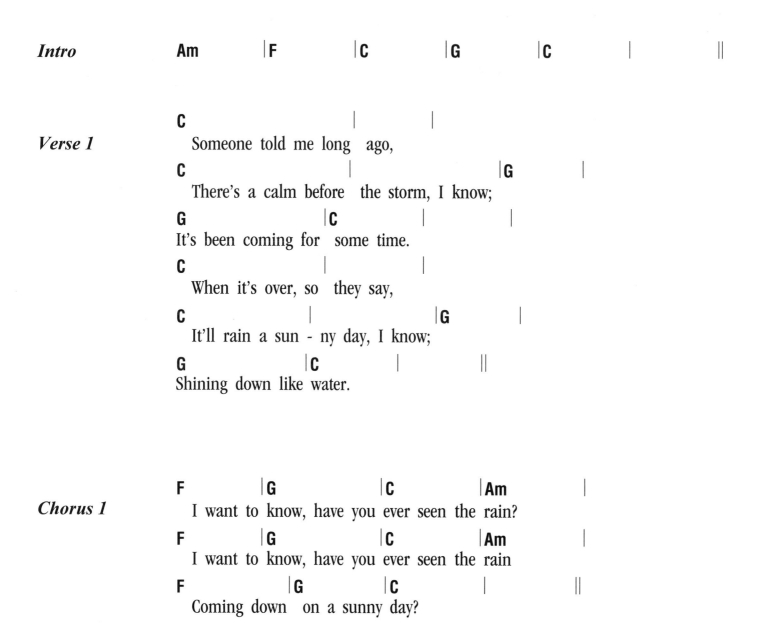

Intro   Am |F |C |G |C | ‖

Verse 1
C | |
Someone told me long ago,
C | |G |
There's a calm before the storm, I know;
G |C | |
It's been coming for some time.
C | |
When it's over, so they say,
C | |G |
It'll rain a sun - ny day, I know;
G |C | ‖
Shining down like water.

Chorus 1
F |G |C |Am |
I want to know, have you ever seen the rain?
F |G |C |Am |
I want to know, have you ever seen the rain
F |G |C | ‖
Coming down on a sunny day?

Verse 2

```
C                      |            |
  Yesterday and days  before,
C                        |               |G       |
  Sun is cold and rain  is hard, I know;
G                |C          |            |
Been that way for all  my time.
C              |            |
  Till forever, on  it goes,
C                          |                 |G
  Through the circle, fast  and slow, I know;
  |G          |C          |          ||
And it can't stop, I won - der.
```

Chorus 2

```
F        |G        |C        |Am         |
  I want to know, have you ever seen the rain?
F        |G        |C        |Am         |
  I want to know, have you ever seen the rain
F        |G        |C           |          ||
Coming down  on a sunny day?        Yeah.
```

Chorus 3

```
F        |G        |C        |Am         |
  I want to know, have you ever seen the rain?
F        |G        |C        |Am         |
  I want to know, have you ever seen the rain
F        |G        |C        |G         |C      ||
Coming down  on a sunny day?
```

If I Were a Carpenter

Words and Music by
Tim Hardin

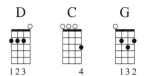

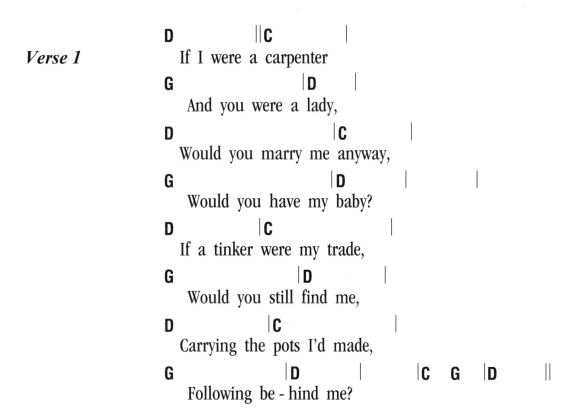

Verse 1

D   ‖C |
If I were a carpenter

G |D |
And you were a lady,

D |C |
Would you marry me anyway,

G |D | |
Would you have my baby?

D |C |
If a tinker were my trade,

G |D |
Would you still find me,

D |C |
Carrying the pots I'd made,

G |D | |C G |D   ‖
Following be - hind me?

Bridge

C |D |
Save my love through loneliness,

C |D |
Save my love for sorrow

D |C |
I've given you my ownliness;

G |D | | |
Come and give me your to - morrow.

Verse 2

D   ‖C |
If I worked my hands in wood

G |D |
Would you still love me?

D |C |
Answer me, babe, "Yes, I would,

G |D | |
I'd put you a - bove me."

D |C |
If I were a miller

G |D |
At a mill wheel grinding,

D |C |
Would you miss your colored blouse,

G |D | |C   G |D   ‖
Your soft shoes shining?

Interlude   C |G |D | |C |G |D |

Verse 3

D   ‖C |
If I were a carpenter

G |D |
And you were a lady,

D |C |
Would you marry me anyway,

G |D | | | |
Would you have my baby?

D |C |
Would you marry me anyway,

G |D | |C |G |D | ‖
Would you have my baby?

Knockin' on Heaven's Door

Words and Music by
Bob Dylan

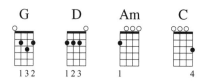

Verse 1

G	D		Am		

Mama, take   this badge from me.

G	D		C		

I can't use   it any more.

G	D		Am		

It's gettin' dark,   too dark to see.

G	D		C	‖

Feels like I'm knockin' on heaven's door.

Chorus

G	D		C		

Knock, knock, knockin' on heaven's door.

G	D		C		

Knock, knock, knockin' on heaven's door.

G	D		C		

Knock, knock, knockin' on heaven's door.

G	D		C	‖

Knock, knock, knockin' on heaven's door.

Verse 2

G	D		Am		

Mama, put   my guns in the ground.

G	D		C		

I can't shoot   them any more.

G	D		Am		

That cold black cloud is comin' down.

G	D		C	‖

Feels like I'm knockin' on heaven's door.

Repeat Chorus (2x)

Lay Lady Lay

Words and Music by
Bob Dylan

Intro   A   C#m |G   Bm |A   C#m |G   Bm ||

Verse 1

A   C#m |
Lay, lady, lay,

G   Bm |A   C#m |G   Bm |
Lay across my big brass bed.

A   C#m |
Lay, lady, lay,

G   Bm |A   C#m |G   Bm |
Lay across my big brass bed.

E   F#m |A |
Whatever col - ors you have in your mind,

E   F#m |A |
I'll show them to you   and you'll see them shine.

A   C#m |
Lay, lady, lay,

G   Bm |A   C#m |G   Bm ||
Lay across my big brass bed.

Verse 2

```
      A            C♯m        |
      Stay, lady, stay,
      G                  Bm          |A    C♯m  |G   Bm     |
      Stay with your man    awhile.
      A            C♯m        |
      Until the break of      day,
      G                  Bm          |A    C♯m  |G   Bm     |
      Let me see you make him smile.
      E              F♯m         |A                  |
      His clothes are dirt - y but his,   his hands are clean,
      E              F♯m            |A            |
      And you're the best     thing that he's  ever seen.
      A            C♯m        |
      Stay, lady, stay,
      G                  Bm          |A    C♯m  |G   Bm     ||
      Stay with your man    awhile.
```

Bridge

```
      C♯m                           |E    F♯m  A        |
      Why wait any longer for the world to be - gin?
      C♯m                               Bm   |A            |
      You can have your cake and eat it too.
      C♯m                           |E    F♯m  A
      Why wait any longer for the one you   love
                       |C♯m             |Bm           ||
      When he's stand  -  ing in front of you?
```

Verse 3

```
       A            C♯m           |
       Lay, lady, lay,
       G              Bm       |A    C♯m  |G    Bm    |
       Lay across my big brass bed.
       A            C♯m           |
       Stay, lady, stay,
       G                   Bm        |A    C♯m  |G     Bm    |
       Stay while the night    is still a - head.
       E            F♯m          |A                  |
       I long to see     you in the morning light,
       E              F♯m        |A                  |
       I long to reach     for you    in the night.
       A            C♯m           |
       Stay, lady, stay,
       G                   Bm            |A    C♯m  |G    Bm    |
       Stay while the night    is still ahead.
       A    Bm     |C♯m  D    |A            ‖
```

Mr. Tambourine Man

Words and Music by
Bob Dylan

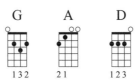

Chorus

    G |A |D |G
Hey, Mister Tam - bourine Man, play a song for me;
       |D |G |A | |
I'm not sleepy and there ain't no place I'm goin' to.
    G |A |D |G
Hey, Mister Tam - bourine Man, play a song for me;
     |D |G |A |D | ||
In the jingle jangle morning I'll come followin' you.

Verse

    G |A |D |G
Take me for a trip upon your magic swirlin' ship.
     |D |G
All my senses have been stripped
       |D |G
And my hands can't feel to grip
      |D |G
And my toes too numb to step;
    |D |G |A |
Wait only for my boot heels to be wanderin'.
    |G |A |D |G
I'm ready to go anywhere, I'm ready for to fade
    |D |G
On - to my own pa - rade.
     |D |G
Cast your dancing spell my way;
   |G |A | ||
I promise to go under it.

Repeat Chorus

Return of the Grievous Angel

Words and Music by
Gram Parsons and Thomas S. Brown

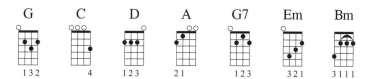

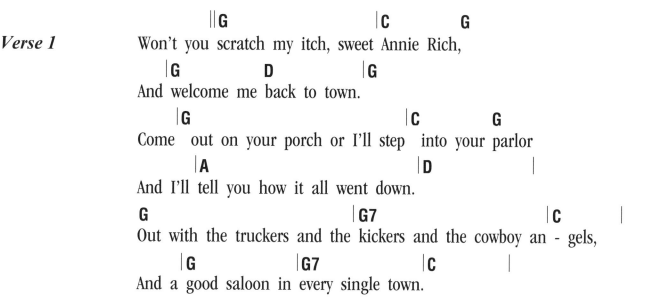

Verse 1

‖G　　　　　　　　　｜C　　　G
Won't you scratch my itch, sweet Annie Rich,

｜G　　　　D　　　｜G
And welcome me back to town.

｜G　　　　　　　　　　　｜C　　　G
Come　out on your porch or I'll step　into your parlor

｜A　　　　　　　　　｜D　　　｜
And I'll tell you how it all went down.

G　　　　　　　　　　　｜G7　　　　　　｜C　　　｜
Out with the truckers and the kickers and the cowboy an - gels,

｜G　　　｜G7　　　｜C　　　｜
And a good saloon in every single town.

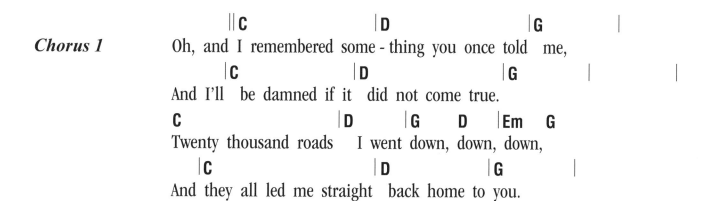

Chorus 1

‖C　　　　　　｜D　　　　　｜G　　　　｜
Oh, and I remembered some - thing you once told　me,

｜C　　　　｜D　　　　　｜G　　　｜　　　｜
And I'll　be damned if it　did not come true.

C　　　　　　　｜D　　｜G　D　｜Em　G
Twenty thousand roads　I went down, down, down,

｜C　　　　　　｜D　　　｜G　　　｜
And they all led me straight　back home to you.

```
            ‖Bm          |C      D          |G          |
```
'Cause I headed west to grow up with the coun - try,
```
            |Em                  |D        |G          |
```
A - cross those prairies with those waves of grain.
```
                    |Bm        |        |C      D     |G
```
And I saw   my devil,   and I saw   my deep blue sea.
```
            |C                  |D        |C      D     |G      |        ‖
```
And I thought about a calico bonnet from Cheyenne to Tennesee.

Verse 2

```
        G                          |C      G        |
```
We flew straight across that river bridge,
```
        G        D          |G
```
Last night, half past two.
```
            |G                          |C          G
```
Switch - man waved his lantern goodbye   and good day
```
        |A                  |D
```
As we went rolling through.
```
            |G                      |G7              |C      |
```
Bill - boards and truckstops pass   by the grievous an - gel,
```
        |G            |D7        |G          |
```
And now I know just what I have to do.

Bridge 2

```
            ‖Bm          |C      D      |G          |
```
And the man on the radio won't leave me alone.
```
                |Em                  |D                      |G      |
```
He wants to take my money for some - thing that I've never been shown.
```
                |Bm        |        |C      D     |G
```
And I saw   my devil,   and I saw   my deep blue sea.
```
        |C                  |D        |C      D     |G      |
```
And I thought about a calico bonnet from Cheyenne to Tennesee.

Verse 3

```
         ‖G                        |C              G
The news     I could bring I met up   with the king;
         |G          D          |G
On  his  head,  an am - phetamine  crown.
         |G                        |C        G
Talked    about  unbuckling  that  old   Bible  belt
           |A                      |D            |
And  lighted  out  for  some  desert  town.
G                            |G7                  |C          |
Out  with  the  truckers  and  the  kickers  and  the  cowboy  an - gels,
     |G          |G7          |C          |
And  a  good  saloon  in  every  single  town.
```

Chorus 2

```
         ‖C              |D              |G          |
Oh,  but  I  remembered  some - thing  you  once  told   me,
       |C          |D              |G          |          |
And  I'll    be  damned  if  it    did  not  come  true.
C                        |D      |G    D  |Em  G
Twenty  thousand  roads     I  went  down,  down,  down,
     |C                      |D          |G          |          |
And  they  all  lead  me  straight    back  home  to  you.
C                        |D      |G    D  |Em  G
Twenty  thousand  roads     I  went  down,  down,  down,
     |C                      |D          |G          |  D  G    ‖
And  they  all  lead  me  straight    back  home  to  you.
```

Morning Has Broken

Words by Eleanor Farjeon
Music by Yusuf Islam

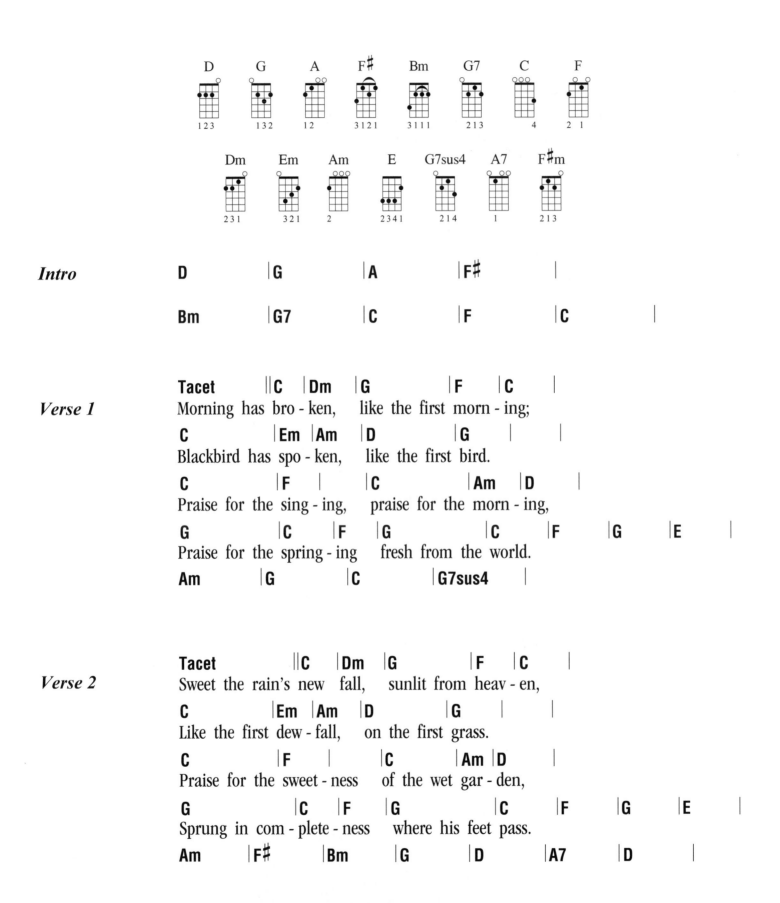

Intro

D | G | A | F♯ |

Bm | G7 | C | F | C |

Verse 1

Tacet || C | Dm | G | F | C |
Morning has bro - ken,   like the first morn - ing;
C | Em | Am | D | G | |
Blackbird has spo - ken,   like the first bird.
C | F | | C | Am | D |
Praise for the sing - ing,   praise for the morn - ing,
G | C | F | G | C | F | G | E |
Praise for the spring - ing   fresh from the world.
Am | G | C | G7sus4 |

Verse 2

Tacet || C | Dm | G | F | C |
Sweet the rain's new fall,   sunlit from heav - en,
C | Em | Am | D | G | |
Like the first dew - fall,   on the first grass.
C | F | | C | Am | D |
Praise for the sweet - ness   of the wet gar - den,
G | C | F | G | C | F | G | E |
Sprung in com - plete - ness   where his feet pass.
Am | F♯ | Bm | G | D | A7 | D |

Verse 3

Tacet ‖D |Em |A |G |D |
Mine is the sun - light, mine is the morn - ing,

D |F♯m |Bm |E |A | |
Born of the one light, Eden saw play.

D |G | |D |Bm |E |
Praise with e - la - tion, praise every morn - ing,

A |D |G |A |D |G |A |F♯ | |
God's recre - a - tion of the new day.

Bm |G7 |C |F |C |

Verse 4

Tacet ‖C |Dm |G |F |C |
Morning has bro - ken, like the first morn - ing,

C |Em |Am |D |G | |
Blackbird has spo - ken, like the first bird.

C |F | |C |Am |D |
Praise for the sing - ing, praise for the morn - ing,

G |C |F |G |C |F |G |E |
Praise for the spring - ing fresh from the world.

Am |F♯ |Bm |G |D |A7 |D ‖

Reason to Believe

Words and Music by
Tim Hardin

G   C   D   A   Em

Verse 1

| N.C. | | G |
| If I listened long enough to you,

| G | C | D | G |
| I'd find a way to be - lieve, that it's all true,

| A | D | C | G |
| Knowing   that you lied, straight - faced while I cried.

| Em | C | D |
| Still I look to find a rea - son to be - lieve.

Chorus 1

| C | D |
| Someone like you makes it hard to live

| Em | D |
| With - out   somebody else.

| C | D |
| Someone like you makes it easy to give,

| Em | D |
| Never think a - bout myself.

Verse 2

| G | D | G |
| If I gave you time to change my mind,

| G | C | D | G |
| I'd find a way just to leave the past be-hind,

| A | D | C | G |
| Knowing   that you lied, straight - faced while I cried.

| Em | C | D |
| Still I look to find a rea - son to be - lieve.

Interlude   **C**   **|D**   **|Em**   **|D** | |

                    C   **|D**   **|Em**   **|D** | ||

                    G   **|D**   **|G** |

Verse 3   If I listened long enough to you,

                    G   **|C** **|D**   **|G** | |

       I'd find a way   to be - lieve, that it's all true,

                    A | **|D**   **|C**   **|G** |

       Knowing   that you lied, straight - faced while I cried.

                      |Em   **|C**   **|D** |

       Still I look to find a rea - son to be - lieve.

                        ||C   **|D**

Chorus 2   Someone like you makes it hard to live

                    |Em **|D** |

       With - out   somebody else.

                    |C   **|D** |

       Someone like you makes it easy to give,

      Em   **|D** | ||

       Never think a - bout myself.

Repeat Chorus 2

Redemption Song

Words and Music by
Bob Marley

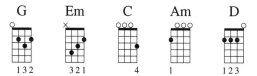

Verse 1

|G |Em
Old pirates, yes, they rob I,

|C   G |Am |
Sold I to the merchant ships

G |Em |
Minutes after they took I

C   G |Am
From the bottomless pit.

    |G |Em |
But my hand was made strong

C   G |Am
By the hand of the Al - mighty.

|G |Em |
We forward in this gener - ation

C |D |
Triumphant - ly.

Chorus

D   ‖G |
Won't you help to sing

C   D |G
These songs of freedom?

        |C   D |Em |
'Cause all I ever have,

C   D |G |
Re - demption songs,

C   D |G |C   D
Re - demption songs.

Verse 2

            ‖G |Em
Emanci - pate yourselves from mental slavery.

                |C   G |Am
None but our - selves can free our minds.

        |G |Em
Have no fear for atomic energy,

              |C   G |D
'Cause none of them can stop the time.

   |G |Em
How long shall they kill our prophets

         |C   G |Am
While we stand a - side and look? Ooh.

      |G |Em
Some say it's just a part of it;

     |C   G |D |
We've got to ful - fill the book.

Repeat Chorus

Repeat Verse 2

Repeat Chorus

Society's Child

Words and Music by
Janis Ian

Dm7   G   C   E7   Am   F   Bm   E

Verse 1

Dm7   **|G**   **|**
Come to my door, baby,

Dm7   **|G**   **|**
Face is clean and shining black as night.

Dm7   **|G**   **|Dm7**   **|G**
My mother went to answer, you know, that you looked so fine.

|C   **|**   **|**
Now I could understand your tears and your shame.

E7   **|**   **|**
She called you "boy" in - stead of your name

Am   **|**   **G|**
When she wouldn't let you inside,

F   **|**   **|G**   **|**
When she turned and said,   "But honey, he's not our kind."

Chorus 1

||Bm   **|E7**   **|**
She says I can't see you any-more, baby.

Bm   **|E7**   **||**
Can't see you any-more.

Verse 2

Dm7 |G |
Walk me down to school, baby.

Dm7 |G |
Everybody's acting deaf and blind,

Dm7 |G |Dm7 |G
Until they turn and say, "Why don't you stick to your own kind?"

   |C | |
My teachers all laugh, their smirking stares

E7 | |
Cutting deep down in our affairs.

Am | G|
Preachers of e - quality,

F | |G |
Think they believe it; then why   won't they just let us be?

Chorus 2

    ||Bm |E7 |
They say I can't see you any-more, baby.

Bm |E7 ||
Can't see you any-more.

Verse 3

```
        Dm7                          |G                    |
        One of these days I'm gonna stop my listening, gonna
        Dm7                    |G            |
        Raise my head up high.
        Dm7                          |G            |Dm7      |G        |
        One of these days I'm gonna raise my glistening wings and fly.
        C                        |            |
        But that day will have to wait for a while.
        E7                |          |
        Baby, I'm only so - ciety's child.
        Am                    |          G|
        When we're older things    may change,
        F                    |        |G          |
        But for now this is    the way they must remain.
```

Chorus 3

```
            ‖Bm            |E7          |
        I say, I can't see you any-more, baby.
        Bm            |E7
        Can't see you any-more.
            |Am                |G      |F      |E          ‖
        No, I don't wanna see you any-more, baby.
```

The Sound of Silence

Words and Music by
Paul Simon

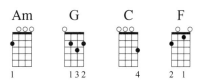

Intro

Am |

Verse 1

Am ‖ G |
Hello, darkness, my old friend;
G |Am |
I've come to talk with you a - gain,
Am C |F C |
Because a vision softly creeping
C |F C |
Left it's seeds while I was sleeping,
C |F | |C
And the vision that was planted in my brain
|C Am |C |G |Am |
Still re - mains within the sound of silence.

Verse 2

Am ‖ G |
In restless dreams I walked a - lone,
G |Am |
Narrow streets of cobble - stone.
Am C |F C |
'Neath the halo of a streetlamp,
C |F C |
I turned my collar to the cold and damp,
C |F | |C
When my eyes were stabbed by the flash of a neon light
|C Am |C |G |Am |
That split the night and touched the sound of silence.

Verse 3

Am   ‖G |
And in the naked light I saw

G |Am |
Ten thousand people, maybe more.

Am   C |F   C |
People talking without speaking,

C |F   C |
People hearing without listening,

C |F | |C
People writing songs that voices never share,

       |C   Am |C |G |Am |
And no one dare   disturb the sound of silence.

Verse 4

Am   ‖G |
"Fools!" said I, "You do not know

G |Am |
Silence like a cancer grows.

Am   C |F   C |
Hear my words that I might   teach you;

C |F   C |
Take my arms that I might   reach you."

C |F | |C | Am
But my words like silent raindrops fell,

  |C |G |Am |
And echoed in the wells of silence.

Verse 5

Am   ‖ G |

And the people bowed and prayed

G |Am |

To the neon god they made.

Am   C |F   C |

And the sign flashed out its warning

C |F   C |

In the words that it was   forming,

C |F

And the signs said, "The words of the prophets

|F |C | Am

Are written on the subway walls and tenement halls"

|C |G |Am | ‖

And whispered in the sounds of silence.

Summer Breeze

Words and Music by
James Seals and Dash Crofts

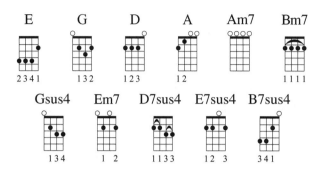

Verse 1

```
     E              G                    |
See the curtains hang-ing in the window

D                 A         |E  Am7 |
In the evening on a Friday night.

E              G                    |
A little light a shin-ing through the window

D                A        |E    ||
Lets me know every-thing's alright.
```

Chorus

```
Am7           |Bm7              |
   Summer breeze makes me feel fine,

Am7                          |G    | Gsus4 G |
Blowin' through the jasmine in my mind.

Am7           |Bm7              |
   Summer breeze makes me feel fine,

Am7                          |G    | Gsus4 G |Em7 Am7 ||
Blowin' through the jasmine in my mind.
```

Verse 2

```
    E              G                        |
    See the paper lay - ing on the sidewalk,

    D                    A            |E  Am7 |
    A little music from the house next door.

    E              G                   |
    So I walk on up to the doorstep,

    D                       A          |E      ||
    Through the screen and a-cross the floor.
```


Repeat Chorus

Bridge

```
        Em7          Am7       |Em7        Am7      |
        Sweet days of summer, the jasmine's in bloom,

    Em7  Am7          |Em7        Am7
    July is dressed up and playing her tune.

                  |D7sus4          |E7sus4
    When I come home from a hard        day's work

                  |D7sus4              |E7sus4          |B7sus4 ||
    And you're waiting there, not a care      in the world.
```


Verse 3

```
    E              G                      |
    See the smile a wait - ing in the kitchen,

    D                    A            |E  Am7 |
    Food cooking and the plates for two.

    E                 G                  |
    Feel the arms that reach  out to hold me

    D                    A           |E     ||
    In the evening when the day is through.
```


Repeat Chorus

Sunshine
(Go Away Today)

Written by
Jonathan Edwards

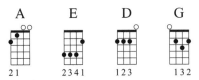

Intro

A | ||

Verse 1

A |
Sunshine go a - way today;
|A |E |
I don't feel much like dancing.
A |
Some man's gone, he's tried to run my life;
|A |D |
He don't know what he's asking.

Verse 2

||A |
When he tells me I better get in line,
|A |E
I can't hear what he's saying.
|A |
When I grow up I'm gonna make it mine
|A |D | ||
Or these ain't dues I been paying.

Bridge

D   **|A Tacet**
How much does it cost?   I'll buy it.

   |D   **|A Tacet**
The time is all we've lost;   I'll try it.

    |D   **|A**
'N' he can't even run   his own life;

     |G   **|E**   **|**   **||**
I'll be damned if he'll run mine!   Sunshine.

Repeat Verse 1

Verse 3

A   **|**
Workin' starts to make me wonder where

   |A   **|E**   **|**
The fruits of what I do are going.

A   **|**
He says in love and war all is fair,

   |A   **|D**   **|**   **||**
But he's got cards he ain't showing.

Repeat Bridge

Verse 4

A   **|**
Sunshine, come on back an - other day

  |A   **|E**   **|**
I promise you I'll be singing.

A   **|**   **|**
This old world, she's gonna turn around;

A   **|D**   **|**   **|A**   **||**
Brand-new bells will be ringing.

Suzanne

Words and Music by Leonard Cohen

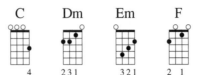

Verse 1

|C | |

Su - zanne takes you down to her

C

Place by the river,

           |**Dm**

You can hear the boats go by.

           |**Dm**

You can spend the night for - ever,

               |**C**

And you know that she's half crazy,

               |**C**

And that's why you want to be there.

              |**Em**

And she feeds you tea and oranges

                |**F**

That came all the way from China.

      |**C**

And just when you want to tell her

              |**C**

That you have no love to give her,

       |**Dm**

She gets you on her wavelength,

       |**Dm**

And lets the river answer

               |**C**

That you've always been her lover.

Chorus 1

‖**Em** |
And you want to travel with her,

|**F** |
And you want to travel blind.

|**C** |
And you think you maybe trust her,

|**Dm** | |**C** | | |
'Cause she's touched your perfect body with her mind.

Verse 2

‖**C** |
And Jesus was a sailor

|**C** |
When he walked upon the water.

|**Dm** |
And he spent a long time watching

|**Dm** |
From a lonely wooden tower.

|**C** |
And when he knew for certain

|**C** |
Only drowning men could see him,

|**Em** |
He said, "All men shall be sailors, then,

|**F** |
Un - til the sea shall free them."

|**C** |
But he himself was broken

|**C** |
Long be - fore the sky would open.

|**Dm** |
For - saken, almost human,

|**Dm** | |**C** | | |
He sank beneath your wisdom like a stone.

Chorus 2

‖**Em**
And you want to travel with him,

|**F**
And you want to travel blind.

|**C** |
And you think maybe you'll trust him,

|**Dm** | |**C** | | |
For he's touched your perfect body with his mind.

Verse 3

‖**C** | |
Su - zanne takes you down to her

C |
Place near the river,

|**Dm** |
You can hear the boats go by.

|**Dm** |
You can spend the night for - ever,

|**C** |
And the sun pours down like honey

|**C** |
On our lady of the harbour.

|**Em** |
And she shows you where to look

|**F** |
Amid the garbage and the flowers.

|**C** |
There are heroes in the seaweed,

|**C** |
There are children in the morning.

|**Dm** |
They are leaning out for love,

|**Dm** |
And they will lean that way for - ever

|**C** | | |
While Suzanne holds her mirror.

Chorus 3

‖**Em** |
And you want to travel with her,

|**F** |
And you want to travel blind.

|**C** |
And you know that you can trust her,

|**Dm** | |**C** | | | ‖
For you've touched her perfect body with your mind.

Take Me Home, Country Roads

Words and Music by
John Denver, Bill Danoff and Taffy Nivert

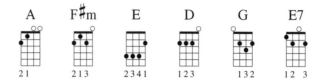

Verse 1

A | |F♯m | |E
Almost heaven,   West Virgin-ia,

|E |D |A | |
Blue Ridge Mountains, Shenandoah River.

A | |F♯m | |
Life is old there, older than the trees,

E | |D |A
Younger than the mountains, growin' like a breeze.

Chorus

‖A | |E |
Country roads, take me home

|F♯m | |D |
To the place I be-long:

|A | |E |
West Vir-ginia, mountain momma,

|D | |A | ‖
Take me home, country roads.

Verse 2

```
      A           |F♯m                |  |E
       All my memories     gather 'round her,

         |E   |D            |A       |       |
      Miner's lady, stranger to blue water.

      A           |    |F♯m         |       |
       Dark and dusty, painted on the sky,

      E              |          |D              |A
      Misty taste of moonshine, teardrop in my eye.
```

Repeat Chorus

Interlude

```
      F♯m           |E          |A              |
        I hear her voice, in the mornin' hour she calls me,

       |D       |A           |E          |
      The radio re-minds me of my home far a-way,

       |F♯m          |G          |D
      And drivin' down the road I get a feelin'

         |A                  |E        |   |E7      |
      That I should have been home yesterday, yester-day.
```

Outro-Chorus

```
             ‖A      |      |E       |
      Country roads, take me home

          |F♯m|    |D         |
      To the place I be-long:

           |A       |      |E          |
      West Vir-ginia, mountain momma,

           |D    |      |A       |
      Take me home, country roads.

           |E    |      |A       |
      Take me home, country roads,

           |E    |      |A       |      ‖
      Take me home, country roads.
```

Teach Your Children

Words and Music by Graham Nash

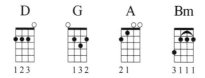

Verse 1

   D |G
You who are on the road

      |D |A
Must have a code that you can live by.

    |D |G
And so become your-self,

      |D |A ||
Because the past is just a goodbye.

Chorus 1

   D |G
Teach your children well,

      |D |A
Their father's hell did slowly go by.

    |D |G
And feed them on your dreams,

      |D |A |
The one they pick's the one you'll know by.

 D |G
 Don't you ever ask them why,

         |D
If they told you, you would cry,

        |Bm |G   A
So just look at them and sigh

      |D |G D |A
And know they love you.

Verse 2

||**D** |**G**
And you, of the tender years

            |**D** |**A**
Can't know the fears that your elders grew by.

       |**D** |**G**
And so please help them with your youth,

       |**D** |**A** ||
They seek the truth before they can die.

Chorus 2

D |**G**
Teach your parents well,

       |**D** |**A**
Their children's hell did slowly go by.

 |**D** |**G**
And feed them on your dreams,

     |**D** |**A** |
The one they pick's the one you'll know by.

D |**G**
 Don't you ever ask them why,

         |**D**
If they told you, you would cry,

          |**Bm** |**G**   **A**
So just look at them and sigh

       |**D** |**G** |**D**   **A** |**D** ||
And know they love you.

Time in a Bottle

Words and Music by
Jim Croce

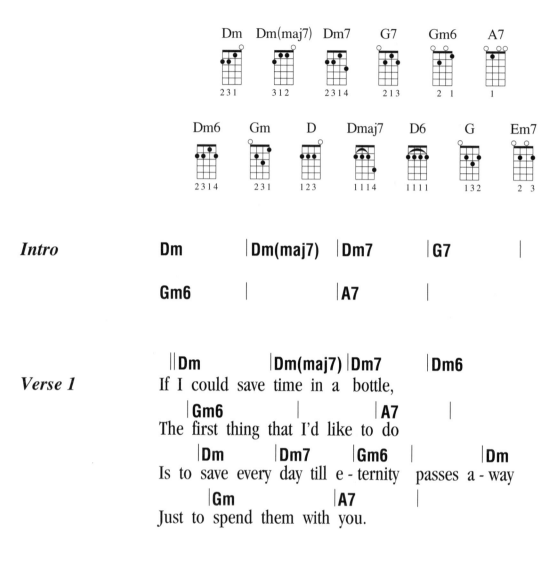

Intro

    Dm |**Dm(maj7)** |**Dm7** |**G7** |

    Gm6 | |**A7** |

Verse 1

    ‖**Dm** |**Dm(maj7)** |**Dm7** |**Dm6**
    If I could save time in a bottle,
        |**Gm6** | |**A7** |
    The first thing that I'd like to do
        |**Dm** |**Dm7** |**Gm6** | |**Dm**
    Is to save every day till e - ternity passes a - way
        |**Gm** |**A7** |
    Just to spend them with you.

Verse 2

    ‖**Dm** |**Dm(maj7)** |**Dm7** |**Dm6**
    If I could make days last for - ever,
        |**Gm6** | |**A7** |
    If words could make wishes come true,
        |**Dm** |**Dm7** |**Gm6** | |**Dm**
    I'd save every day like a treasure and then a - gain
        |**Gm** |**A7** |
    I would spend them with you.

Chorus

‖D |Dmaj7
But there never seems to be enough time

|D6 |D
To do the things you want to do

   |G |D |Em7 |A7
Once you find them.

|D |Dmaj7
I've looked around e - nough to know

|D6 |D
That you're the one I want to go

  |G |D |Em7 |A7 ‖
Through time with.

Repeat Intro

Verse 3

‖Dm |Dm(maj7) |Dm7 |Dm6
If I had a box just for wishes

 |Gm6 |A7 |
And dreams that had never come true,

 |Dm |Dm7 |Gm6 | |Dm
The box would be empty ex - cept for the memory of how

  |Gm |A7 |
They were answered by you.

Repeat Chorus

Outro   Dm | | | | | | ‖

Turn! Turn! Turn!
(To Everything There Is a Season)

Words from the Book of Ecclesiastes
Adaptation and Music by Pete Seeger

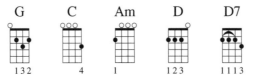

G   C   Am   D   D7

Chorus

          |G   C |G   Am |
To every‑thing, turn, turn, turn,

               |G   C |G   Am |
There is a season, turn, turn, turn,

          |D |D7
And a time to every purpose

          |G |
Under heaven.

Verse 1

          ‖D7 |G
A time to be born, a time to die,

          |D7 |G
A time to plant, a time to reap,

          |D7 |G
A time to kill, a time to heal,

          |C |D7 |G |
A time to laugh, a time to weep.

Repeat Chorus

Verse 2

                ‖D7   **|G**
A time to build up, a time to break down,

          |D7   **|G**   **|**
A time to dance, a time to mourn,

D7   **|G**
A time to cast away stones,

        |C   **|D7**   **|G**   **|**
A time to gather stones to - gether.

Repeat Chorus

Verse 3

          |D7   **|G**
A time of war, a time of peace,

            |D7   **|G**
A time of love, a time of hate,

D7   **|G**
A time you may em - brace,

   |C   **|D7**   **|G**   **|**
A time to re - frain from em - bracing.

Repeat Chorus

Verse 4

          ‖D7   **|G**
A time to gain, a time to lose,

          |D7   **|G**
A time to rend, a time to sew,

          |D7   **|G**
A time of love, a time of hate,

        |C   **|D7**   **|G**   **|**   **‖**
A time for peace, I swear it's not too late.

You've Got to Hide Your Love Away

Words and Music by
John Lennon and Paul McCartney

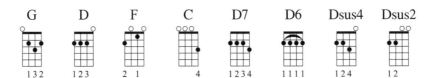

Verse 1

G   D |F   G |
Here I stand, head in hand,

C |F   C |
Turn my face to the wall.

G   D |F   G |
If she's gone I can't go on,

C |F   C |D ||
Feeling two foot small.

Verse 2

G   D |F   G |
Every - where people stare,

C |F   C |
Each and every day.

G   D |F   G |
I can see them laugh at me,

C |F   C |D   D7 |D6   D ||
And I hear them say:

Chorus

G |C |Dsus4 D |Dsus2 D |
"Hey, you've got to hide your love a - way!"

G |C |Dsus4 D |Dsus2 D ||
"Hey, you've got to hide your love a - way!"

Verse 3

```
G         D  |F    G          |
How can I    even   try?
C              |F    C          |
I  can  never  win.
G         D  |F    G          |
Hearing them,  seeing  them
C                  |F    C    |D              ||
In  the  state  I'm  in.
```

Verse 4

```
G            D  |F    G          |
How could  she  say  to  me
C                    |F    C          |
"Love  will  find  a  way?"
G      D      |F    G          |
Gather 'round,  all  you  clowns,
C                    |F      C    |D    D7    |D6    D          ||
Let  me  hear  you  say:
```

Repeat Chorus

Outro

```
          G    D   |F    G   |C              |F    C    |

          G    D   |F    G   |C              |F    C    |G          ||
```

Wild World

Words and Music by
Cat Stevens

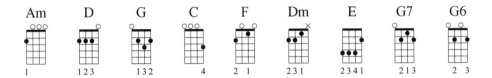

Intro

Am	D	G	C	

La la la la la la la la la la.   La la la la la la la la la la.

F	Dm	E	

La la la la la la la la la la la.

Verse 1

Am	D	G

Now that I've lost everything to you,

C	F

You say you wanna start something new,

Dm	E	

And it's breakin' my heart you're leaving. Baby, I'm grieving.

Am	D	G

But if you want to leave, take good care.

C	F

Hope you have a lot of nice things to wear,

Dm	E	G		G7 G6 G	

But then a lot of nice things turn bad out there.

Chorus 1

C   G |F |
Ooh, baby, baby, it's a wild world.

G   F |C |
It's hard to get by just upon a smile.

C   G |F |
Ooh, baby, baby, it's a wild world.

G   F |C   Dm   E   ‖
I'll always remem - ber you like a child, girl.

Verse 2

Am   D |G
You know, I've seen a lot of what the world can do,

          C |F
And it's breakin' my heart in two

          Dm |E |
Because I never want to see you sad, girl. Don't be a bad girl.

Am   D |G
But if you want to leave, take good care.

                C |F
Hope you make a lot of nice friends out there,

          Dm |E   G | G7 G6   G   ‖
But just re - member there's a lot of bad, and be - ware,   be - ware.

Chorus 2

C   G |F |
Ooh, baby, baby, it's a wild world.

G   F |C |
It's hard to get by just upon a smile.

C   G |F |
Ooh, baby, baby, it's a wild world.

N.C.   G |F |C   Dm E ‖
And I'll always remem - ber you like a child, girl.

Verse 3

Am   D |G   C |
                  La la la la la la la la la la.

F   Dm |E |
La la la la la la la la la la la la. Baby, I love you.

Am   D |G
But if you want to leave, take good care.

          C |F
Hope you make a lot of nice friends out there,

          Dm |E   G | G7 G6 G ||
But just re - member there's a lot of bad, and be - ware,   be - ware.

Repeat Chorus 2

Chorus 3

C G |F |
  Ooh, baby, baby, it's a wild world.

G   F |C |
  It's hard to get by just upon a smile.

C G |F |
  Ooh, baby, baby, it's a wild world.

N.C.   G   F |C ||
  And I'll always remem - ber you like a child, girl.